파브르 곤충기 7

파브르와 손녀 루시의 송장벌레 여행

지연리 그림

한국과 프랑스에서 서양화와 조형 미술을 공부했습니다. 〈2022여름 우리나라 좋은 동시〉〈작은 것들을 위한 시〉〈내가 혼자 있을 때〉 등 다수의 도서에 삽화를 그렸고, 〈북극 허풍담〉 시리즈, 〈북극에서 온 남자, 울릭〉〈오늘도 살아내겠습니다〉〈두 갈래 길〉〈뿔비크의 사랑 이야기〉〈숲은 몇 살이에요〉 등의 도서를 우리말로 옮겼습니다. 쓰고 그린 책으로 〈파란 심장〉〈자기가 누구인지 모르는 코끼리 이야기〉가 있습니다.

조경숙 엮음

대학에서 국문학을 공부하고, 「돌이와 바다」로 월간 '샘터'의 엄마가 쓴 동화상, 「마음으로 듣는 소리」로 계몽아동문학상, 「그림 아이」로 방정환문학상을 받았습니다. 지금까지 쓴 작품으로 〈나는야, 늙은 5학년〉〈만길이의 봄〉〈공을 차라 공찬희!〉〈천문대 골목의 비밀〉〈1764 비밀의 책〉〈조선 축구를 지켜라!〉〈비밀 지도〉들이 있습니다.

Souvenirs Entomologiques
파브르 곤충기 7
파브르와 손녀 루시의 송장벌레 여행

Jean Henri Fabre 원작

1판 1쇄 인쇄 2023년 7월 31일 | 1판 1쇄 발행 2023년 8월 16일

엮은이 조경숙 | 그린이 지연리
펴낸이 정중모 | 펴낸곳 열림원어린이 | 등록 1988년 1월 21일(제406-2000-000202호)
편집장 서경진 | 편집 정혜연, 김보라 | 디자인 권순영 | 마케팅 김선규 | 홍보 최가인, 최은서
온라인사업팀 서명희 | 제작 윤준수 | 관리 이원희, 고은정, 구ㅈ영
주소 경기도 파주시 회동길 152
전화 031-955-0670 | 팩스 031-955-0661 | 홈페이지 www.yolimwon.com
전자우편 bbchild@yolimwon.com
ISBN 978-89-6155-114-4 77400, 978-89-6155-985-0(세트)

어린이제품안전특별법에 의한 제품 표시
제조자명 열림원어린이 | 제조년월 2023년 7월 | 제조국 대한민국 | 사용연령 7세 이상

파브르 곤충기 7

파브르와 손녀 루시의 송장벌레 여행

열림원어린이

나는 푸른 하늘 아래에서

맑은 공기를 호흡하며

풍뎅이 한 마리, 풀 한 포기에서도

우주의 신비와 한없는 행복을 느꼈다.

읽기 전에

　덩치도 크고 힘도 굉장히 센 딱부리먼지벌레는 타고난 싸움꾼입니다. 다른 곤충뿐 아니라 지렁이나 달팽이까지도 공격하고 닥치는 대로 먹어 치우지요. 그런데 이렇게 거칠고 힘센 딱부리먼지벌레에게도 비밀이 한 가지 있답니다. 그게 무엇인지 한번 알아보기로 해요.

　또 청소부라는 별명을 갖고 있는 곤충도 있습니다. 시골 길을 걷다 보면 종종 죽은 새나 들쥐 같은 게 눈에 띄지요? 사람들은 펄쩍 뛰며 피해 가지만 좋아라 몰려드는 친구들도 있다는 걸 아나요? 정말 지저분한 놈들도 다 있군, 하고 찡그릴 일이 아닙니다. 그런 곤충들이 있기에 이 세상은 죽은 들쥐들이나 새들로 뒤덮이지 않고 깨끗하게 유지되고 있는 것입니다. 그 청소부들 중 가장 뛰어난 솜씨를 자랑하는 건 바로 송장벌레입니다. 우리, 송장벌레의 신기하고 놀라운 실력을 같이 들여다볼까요?

차례

딱부리먼지벌레의 비밀은?

딱부리먼지벌레를 당할 곤충이 있을까? 16

억울한 누명을 썼다고? 42

송장벌레는 청소를 좋아해?

들쥐 썩은 내가 좋은 냄새? 90

부지런하고 완벽한 청소부란? 112

왜 싸우는 걸까? 138

딱부리먼지벌레의 비밀은?

충격을 받았을 때 마치 죽은 것처럼 오랫동안 꼼짝 않는 곤충들이 있습니다.

다리를 움츠리고 몸도 뻣뻣해져, 죽었나 생각하게 되지만 어느새 벌떡 일어나 뿌르르 도망을 가지요.

이런 것을 '죽은 흉내'라고 합니다.

파브르 선생님은 이 '죽은 흉내'에 대한 연구를 하기로 결심했습니다.

'죽은 흉내'를 내는 곤충들은 누구인지, 왜 '죽은 흉내'를 내는 것인지, 또 곤충이 '죽음'이 무엇인지 아는지 궁금한 것 투성이었습니다.

그때 선생님의 머릿속에 딱 떠오르는 곤충이 하나 있었습니다.

파브르 선생님이 아주 젊었을 때 어느 해변에서 만났던 딱부리먼지벌레라는 이름의 멋진 갑충이었습니다.

무서울 게 하나 없는 이 싸움꾼 곤충이 파브르 선생님 앞에서 '죽은 흉내'를 냈던 걸 기억한 것입니다.

파브르 선생님은 곧 이 딱부리먼지벌레 열두 마리를 구해 연구를 시작했습니다.

그때 딱부리먼지벌레들이 굉장히 고생을 했다고 합니다.

딱부리먼지벌레에게 충격을 주어야 한다면서 파브르 선생님이 자꾸 탁탁 집어 던졌으니까요.

안됐지만 그래야 연구를 할 수 있었답니다.

하지만 그 덕분에 딱부리먼지벌레뿐 아니라 다른 곤충들과 새들과 전갈들이 썼던 누명을 풀 수 있었다고 합니다.

이제부터 여러분이 떠나게 될 이야기 나라에는

파브르 할아버지와 손녀 루시가 함께 떠난 먼지벌레 세상이 펼쳐집니다.

딱부리먼지벌레를 당할 곤충이 있을까?

바닷가에 해가 졌습니다.
벅적거리던 모래사장도 조용해졌습니다.
그런데 저 구석 해초 더미가 들썩거렸습니다.

 잠시 후 해초 더미 밑에서 나타난 건 딱부리먼지벌레 장군이였습니다.
 이 근처에서 제일 유명한 싸움꾼이지요.
 "실컷 자고 났더니 출출한데……. 왜 아무도 얼씬거리지를 않지?"
 장군이의 집은 모래 속으로 30센티미터쯤 파여 있습니다.

절구통처럼 생긴 그 집 근처에 누구라도 나타나면 장군이가 끌고 들어가 냠냠 짭짭 식사를 하게 되는 것입니다.

그러나 아무리 기다려도 집 근처로는 누구도 다가오지 않았습니다.

"누구든 나타나기만 하면 천천히 맛있게 먹어 줄 텐데……."

성급한 장군이는 아예 지붕인 해초 더미를 들추고 밖으로 나와 직접 사냥에 나섰습니다.

어둠 속에서도 장군이는 눈에 확 띄었습니다.

우선 몸길이가 엄청나게 깁니다. 키가 크다고 할 수 있지요. 35밀리미터나 되니까 곤충 중에서는 농구선수쯤 되는 것입니다.

그 큰 키에 옻칠을 한 것처럼 번쩍번쩍거리는 검은 갑옷을 입고 있으니 그것만 보더라도 무척 세 보입니다.

그런데 가까이 다가가 보면 더 무섭습니다.

무엇이든 자를 수 있는 큰턱과 톱날처럼 깔죽깔죽한 것이 달려 있는 큰 앞다리는 보기만 해도 오싹 소름이 돋을 정도입니다.

거기다 장군이의 잘록한 허리는 먹이가 어디 있

든지 자유자재로 움직일 수 있어서 장군이의 눈에 띄기만 하면 죽은 것이나 다름없습니다. 이 바닷가 어디에도 장군이에게 이기는 곤충은 없습니다. 더구나 성격은 얼마나 사나운데요?

장군이는 꼭 싸우기 위해 태어난 것 같습니다.

먹잇감을 찾아 바닷가를 걸어가던 장군이는 아버지를 떠올렸습니다.

자기처럼 이 바닷가 최고의 싸움꾼이었던 아버지는 장군이에게 늘 족보 이야기를 하시곤 했습니다.

잘 들어라, 내 아들아
이 세상에는 곤충들이 많단다
100만 종이 넘는다고들 하지
그중에서 가장 큰 집안이
바로 딱정벌레 집안이란다

기억해라, 내 아들아
딱정벌레 집안은 식구가 많단다
34만 종이 넘는다고들 하지
그중에서 가장 용감한 가족이
바로 먼지벌레들이란다

기뻐해라, 내 아들아
이 바닷가에는 네 먹이가 많단다
네 할아버지의 할아버지 때부터
자랑스러운 우리 딱부리먼지벌레 가족은
이 바닷가의 제왕이었단다

그 말씀을 떠올릴 때마다 장군이는 기분이 으쓱해지곤 했습니다.

그때 바위 뒤에서 누군가가 튀어나왔습니다.
"어? 넌 두점박이먼지벌레가 아니냐?"
장군이의 목소리를 듣자마자 두점박이먼지벌레는 덜덜덜 떠느라 도망도 가지 못했습니다. 장군이는 두점박이먼지벌레에게 천천히 다가갔습니다.
'저 보들보들한 껍질을 뚫고 한입에…….'
생각만 해도 군침이 나옵니다. 두점박이먼지벌레는 맛도 좋지만 성격도 온순한 편이라 사냥도 어렵지 않습니다.

장군이가 코앞까지 다가오자 두점박이먼지벌레가 싹싹 빌며 말했습니다.

"잘 생각해 봐. 우린 같은 집안 식구야. 그러니 오늘은 제발 봐줘. 다시는 네 앞에 나타나지 않을게. 제발……."

장군이가 고개를 갸웃했습니다.

"너 같은 겁쟁이가 우리 집안 식구라고?"

두점박이먼지벌레가
말했습니다.

"내 이름에도 먼지벌레라는 글자가 있고, 네 이름에도 먼지벌레가 있잖아? 그러니 우린 같은 먼지벌레 가족이야. 딱정벌레 집안 중에서도 아주 가까운 사이지. 안 그래?"

그러나 그 말은 배고픈 장군이를 더 기분 나쁘게 했습니다. 장군이는 원래 자기 이름인 딱부리먼지벌레에서 그 '먼지'라는 말이 정말 마음에 들지 않습니다.

먼지벌레들이 바닷가의 해초 더미나 쓰레기 더미 밑에 집을 짓는다고 해서 그렇게 지었다지만 장군이처럼 멋지고 용감한 곤충에게 그런 이름은 정말 어울리지 않아 보입니다.

더구나 이름이 먼지벌레니까 아주 작고 보잘것없는 벌레일 거라고 생각하는 친구를

만나면 몸까지 부들부들 떨릴 정도로 화가 납니다.

"시끄러워!"

장군이가 소리쳤습니다. 그러곤 톱니 같은 앞발과 큰턱을 벌리고 머리를 쳐들었습니다. 장군이가 검게 빛나는 몸을 이리저리 움직이자 두점박이먼지벌레는 정신이 어찔해졌습니다.

'이제 난 죽었구나······.'

그런데 바로 그때, 저 건너 바위 밑에 숨어 있는 민달팽이 할아버지를 보았습니다.

민달팽이 할아버지도 이쪽을 보며 덜덜 떨고 있었습니다.

두점박이먼지벌레가 소리쳤습니다.

"저기 민달팽이가 있다!"

민달팽이 할아버지에게는 미안했지만, 자기가 살려면 어쩔 수 없었습니다.

장군이의 눈이 휘둥그레졌습니다. 장군이는 다른 어떤 먹이보다 민달팽이를 좋아합니다. 그것도 나이가 아주 많은 할아버지를 좋아합니다.

맛이 쫄깃거려서 그렇다나요?

민달팽이 할아버지는 결국 목숨을 잃고 말았습니다. 그 사이에 두점박이먼지벌레는 재빨리 달아났습니다.

맛있는 식사를 끝낸 장군이는 기분 좋게 소리쳤습니다.

"나보다 강한 놈 있으면 어디 나와 봐!"
그러나 그 바닷가 어디에도 지독하고
싸움 좋아하는 장군이에게 덤빌

곤충은 없었습니다. 모두 장군이의 눈에 띌까 슬슬 피해 가기만 했습니다.

그러던 어느 날이었습니다.

그날따라 이상하게 잠이 일찍 깬 장군이는 집을 나섰습니다.

오랜만에 보는 쨍한 햇살이 좀 성가시긴 했지만 심심해서 누군가라도 곯려 주고 싶었습니다.

그런데 도리어 새에게 물리고 말았습니다.

새들은 장군이 같은 먼지벌레들은 맛이 쓰고 딱딱하기만 해서 잘 건드리지 않는데, 이 새는 그것

도 모르나 봅니다.

 그게 아니면 장군이처럼 심심해서인지도 모르겠습니다.

 "이거 놔!"

 장군이는 크게 소리치며 잘록한 허리를 이용해서 몸을 발딱 뒤집어 새의 부리에서 빠져나왔습니다.

 그런데 땅으로 떨어질 때 하필이면 돌멩이에 부딪쳤습니다.

 한참 만에 정신을 차린 장군이는 고개를 갸웃했습니다.

 "이상하군. 그동안 무슨 일이 있었지?"

억울한 누명을 썼다고?

그 일은 내내 장군이의 마음에 남았습니다. 궁금해진 장군이는 곤충들에게 편지를 보냈습니다.

난 바닷가에 사는 용감한 장군이다.

얼마 전에 새에게 잡혔다가 탈출한 사건이 있

었다.

그때 이상한 일을 겪었는데, 그 일에 대해 의논하고 싶다.

이 편지를 받는 즉시 내 집 근처 바위로 나와라.

나온 자는 절대 해치지 않을 것을 약속한다.

그러나 나오지 않는 자는 내가 찾아가 혼을 내주겠다.

처음 써 보는 편지라 무척 오래 걸렸습니다.

편지 배달은 지난번의 두점박이먼지벌레에게 시켰습니다.

다시 한번 죽을 줄 알았던 두점박이먼지벌레는 편지 심부름이라는 말에 휴 하고 한숨을 쉬었습니다.

두점박이먼지벌레는 하루도 안 걸려 열두 통이나 되는 편지를 모두 배달했습니다.

그 편지를 받은 곤충들도 쏜살같이 바닷가 바위로 나왔습니다.

안 그랬다가는 죽은 목숨이 될 테니까요.

제일 먼저 달려온 건 미끈이먼지벌레였습니다.

미끈이먼지벌레는 장군이와 매우 비슷하게 생겼습니다.

그러나 덩치가 훨씬 작고 동작이 빠릅니다.

미끈이먼지벌레는 장군이를 보자마자 무서워서 벌벌 떨었습니다.

편지에 쓴 것과 다르게 자기를 잡아먹으면 어쩌나 걱정이 되었기 때문입니다.

"안녕하세요? 편지를 받고 이렇게……."

"기다려. 다른 친구들이 올 때까지 난 생각해야 할 일이 있다."

장군이는 귀찮은 듯 말했습니다.

미끈이먼지벌레는 찔끔해서 죽은 듯이 가만히 있었습니다.

곧 나이 많은 딱부리먼지벌레와 광택비단벌레,
줄금풍뎅이, 둥근모래거저리가 도착했습니다.

작은 곤충들은 무서워서 그랬는지 모두 함께 모여서 왔습니다.

엽충, 배설물벌레, 넓적송장벌레, 바구미, 무당벌레, 꽃무지, 붉은가슴금풍뎅이들이었습니다.

모두 모이자 장군이가 말했습니다.
"편지에 쓴 대로 난 이상한 일을 겪었어. 새 부리에서 탈출하면서 땅에 떨어졌는데, 그 뒤로 어떻게 된 일인지 기억이 하나도 안 나는 거야. 한 시간 정도 후에는 말짱하게 깨어나긴 했어. 하지만 뭔가 이상해서 말이야. 혹시 그게 무슨 일인지 아는 곤충이 있으면 말해 봐."
"아, 그건 바로 '죽은 흉내'라고 하는 거야."
나이 많은 딱부리먼지벌레가 말했습니다.
"맞아! 맞아! 나도 들은 적이 있어."
"나도."
너도 나도 아는 척을 하자 나이 많은 딱부리먼지벌레가 입을 다물었습니다.

장군이가 주위를 한번 쓱 사납게 훑어보았습니다. 장군이의 무서운 눈초리에 금세 주위가 조용해졌습니다.

나이 많은 딱부리먼지벌레가 다시 말하기 시작했습니다.
"갑자기 온몸이 굳고 꼼짝 못 하게 되는 걸 말하는 거지. 보통은 20분 정도이지만, 길 때는 한 시간이나 그러고 있을 때도 있다네."

광택비단벌레가 참지 못하고 끼어들었습니다.

"사람들은 우리가 위험에 처했을 때 일부러 그런다고 생각하나 봐요."

"일부러?"

장군이가 꽥 소리쳤습니다.

광택비단벌레가 우물쭈물 대답했습니다.

"사람들은 우리가 그러고 있으면 새나 다른 무서운 적들이 우릴 해치지 않는다고 생각해요."

"그런 말도 안 되는 소리를! 새들은 죽은 곤충도 먹는다는 것을 모르나?"

장군이가 소리치자 모두들 그동안 있었던 억울한 일들을 털어놓기 시작했습니다.

수없이 내동댕이쳐진 적이 있다는 나이 많은 딱부리먼지벌레의 이야기는 정말 놀라웠습니다.

"그때, 나는 내던져질 때마다 17분, 20분, 25분, 33분……. 그렇게 죽은 듯이 있다가 깨어나곤 했단다. 몸도, 기분도 엉망이 됐지. 그런데 그것뿐이 아니야. 기절해 있는 나를 햇볕으로 옮겼다가 모래밭으로 옮겼다가……. 나중에는 파리를 풀어서 귀찮게 하기도 하고, 생전 처음 보는 떡갈나무하늘소로 내 배를 꾹 누르게 하기도 했다고. 그 고생을 해서 내가 이렇게 늙은 거란다."

장군이는 나이 많은 딱부리먼지벌레가 당한 일이 꼭 자기가 당한 일만 같아 화가 났습니다.

"우리 같은 용맹한 딱부리먼지벌레가 무엇 때문에 '죽은 흉내' 같은 짓을 하겠어요? 조무래기 바구미들이나 하는 짓을 가지고."

그러자 광택비단벌레는 더 기가 막힌 일을 털어놓았습니다.

"난 마취제에도 당해 보았어요. 에테르라는 마취약이었는데, 그걸 맡자마자 기절을 하고 말았죠. 얻어맞았을 때랑 똑같았다니까요. 한 시간이나 지나서야 겨우 깨어날 수 있었어요. 하지만 정말 무시무시한 일이었어요. 그때 참, 줄금풍뎅이와 같이 있었는데, 넌 생각 안 나니?"

줄금풍뎅이는 고개를 갸우뚱했습니다.

"난 금방 깨어나서 심각하게 생각하지 않았는데

그게 그거였나? 이상한 유리병에 들어갔다 나오니까 머리가 아팠거든."

작은 곤충들도 용기를 내어 말했습니다.
"우리도 그런 적이 있긴 하지만 그렇게 오랫동안은 아니에요. 충격을 받으면 길어야 몇 분이나 몇 초 만에 깨어나죠. 아마 우리가 작아서 그런가 봐요."
모두 이런저런 이야기로 시끌벅적했습니다.
그러나 미끈이먼지벌레만큼은 입을 꾹 다문 채 아무 말도 하지 않았습니다.
둥근모래거저리가 미끈이먼지벌레를 쿡 찔렀습니다.
"너도 한마디 하지 그러니?"
미끈이먼지벌레가 궁금하다는 듯한 표정을 지으며 말을 꺼냈습니다.
"사실 나는 기절하는 게 뭔지 몰라요."
그 말을 들은 나머지 곤충들은 하나같이 깜짝

놀라 서로를 바라보았습니다. 그러자 미끈이먼지벌레가 쑥스러운 얼굴로 머리를 긁적이며 말했습니다.

"난 그런 적이 없는데 왜 나한테도 편지를 보낸 거죠?"

모두들 다시 한번 깜짝 놀랐습니다.

"넌 어떤 충격을 받아도 기절하지 않는다고?"

"예."

미끈이먼지벌레가 기어들어 가는 소리로 대답했습니다.

광택먼지벌레가 종알거렸습니다.

"그것참 이상하네? 체격이 작아서 그렇지, 넌 장군이랑 똑같이 생겼는데 말이야."

장군이도 중얼거렸습니다.

"나도 그래서 네게 편지를 보낸 거였는데……."

곤충들은 이제야 모든 것을 알 수 있었습니다.

나이 많은 딱부리먼지벌레가 먼저 말했습니다.

"그러니까 이 '죽은 흉내'라는 것은 누구에게나 일어나는 일이 아니라는 말이네. 크기하고도 상관이 없다는 말이고. 특히 누구를

속이기 위해 하는 짓은 절대 아니지. 만약 속이기로 친다면야 싸움 잘하고 건장한 장군이 같은 딱부리먼지벌레보다야 저 미끈이먼지벌레에게 더 필요한 거 아니겠어?"

광택비단벌레가 또 끼어들었습니다.

"그리고 그 '죽은 흉내'라는 것과, 전에 제가 그 마취제 냄새를 맡았을 때가 같아요. 그렇죠? 그런데 작은 벌레들은 좀 일찍 깨어나고 큰 벌레들은 더 늦게 깨어난다는 차이가 있네요."

마침내 장군이도 고개를 끄덕였습니다.

"그러니까 결국 우린 억울한 누명을 쓴 거군."

"정말이에요. 남 속일 줄 모르는 우리 같은 곤충에게 '죽은 흉내'라니, 너무 심해요."

광택비단벌레가 투덜거리자 나이 많은 딱부리먼지벌레가 말했습니다.

"우리가 보기보다는 예민한가 봐. 마음이 약한 거지."

그러나 나이 많은 딱부리먼지벌레의 말은 장군이의 기분을 상하게 했습니다.

"믿을 수 없어. 내가 마음이 약하다니……."

장군이는 그 마음 약하다는 말이 아주 못마땅했습니다. 자기같이 강한 곤충에게는 어울리지 않는 말이라고 생각한 것입니다.

그때 저 멀리서 헐레벌떡 칠면조와 전갈이 달려왔습니다.

모두 놀라 도망가려고 하는데, 장군이만은 앞으로 썩 나섰습니다. 역시 용감한 장군이다웠습니다.

"너희들은 뭐지? 왜 여기 온 거야?"

전갈이 말했습니다.

"소문을 듣고 왔어. 너희가 억울한 오해를 받았다고 하더군. 하지만 나도 마찬가지야. 아니, 난 더하지."

그래도 곤충들은 전갈이 무서웠습니다.

뒤로 슬금슬금 도망을 가는 곤충도 있었습니다.

전갈이 조용히 말했습니다.

"걱정하지 마. 오늘만큼은 너희를 잡아먹지 않을 테니까. 약속해."

칠면조가 먼저 목에 늘어진 살들을 흔들며 말했습니다.

"아주 못된 심술쟁이 아이들이 우리 새들의 목을 비틀어서 날개 밑으로 쑤셔 박곤 해. 그러면 우리는 꼼짝없이 쓰러지고 말아. 거위나 닭이나 다 마찬가지지. 비둘기같이 작은 새들은 뭐 별로 그렇게 오래 기절하지는 않는 모양이지만 말이야."

장군이가 물었습니다.

"목을 비틀어서 어떻게 날개 밑으로 쑤셔 넣는다는 거야? 이해가 가지 않아."

그러자 칠면조가 답답하다는 듯 스스로 흉내를 냈습니다.

"이렇게 말이야. 이렇게……."

그 모습을 보고 모두들 하하 깔깔 웃었습니다.

 그러나 장군이는 웃지 않았습니다. 장군이가 웃지 않자 다른 곤충들도 금세 멈추었습니다.
 곰곰이 생각하던 장군이가 이렇게 말했습니다.
 "그러니까 내가 새 부리에서 떨어져 한 시간 동안 꼼짝 않고 있었던 거나, 광택비단벌레가 마취제 냄새를 맡고 죽은 듯이 있었던 거나, 칠면조가 아이들에게 놀림을 받아 정신없이 쓰러져 있었던 것은 모두 똑같다는 말이네?"

나이 많은 딱부리먼지벌레가 끄덕였습니다.
"그렇지. 깨어나는 모습까지도 모두 똑같다네.
먼저 다리 끝이 부들부들 떨리고 입 주위의 수염

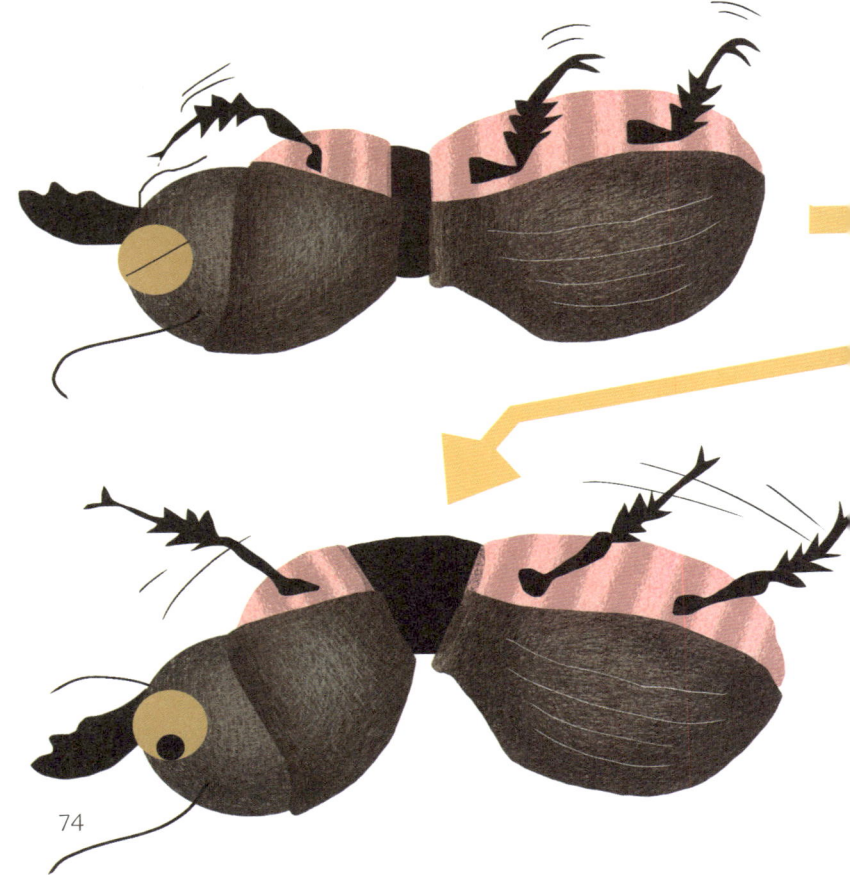

이 움직이다가 더듬이가 흔들리거든. 작은 부분부터 움직이기 시작하는 거지."

곤충들은 모두 고개를 끄덕였습니다.

그다음 전갈의 이야기는 좀 더 심각했습니다.

"사람들은 우리더러 자살을 한다는 거야. 물론 우리는 늘 자살을 할 만한 독을 가지고 다니긴 하지. 바로 여기에 말이야."

전갈은 둥그렇게 말려 올라간 자신의 꼬리를 흔들어 보였습니다. 모두들 보기만 해도 끔찍하다는 듯 고개를 돌렸습니다.

"우리가 자살을 하는지 안 하는지를 보려고 우리를 불 속으로 집어넣기도 해. 그 뜨거운 불 속에 말이야."

"저런, 잔인하기도 하지."

누군가 한숨을 쉬며 말하자 전갈이 고개를 절레절레 흔들었습니다.
"아주 끔찍했지. 내 이 두꺼운 갑옷 속에서도 그 뜨거운 불길이 느껴졌으니까. 난 기를 쓰고 온몸을 둥글게

말아 불을 피하려고 했지만 불길은 더 거세졌어. 결국 난 더 버티지 못하고 쓰러졌지."

나이 많은 딱부리먼지벌레가 쯧쯧 혀를 찼습니다.

"그 모습을 자살한 걸로 본 거군. 그런데 어떻게 살아났지?"

"누군가가 금세 불에서 꺼내 주어서 다시 살아날 수 있었지. 가만두었으면 불에 타 죽고 말았을

거야."

전갈의 이야기가 끝나자 장군이가 말했습니다.

"이대로 있어선 안 되겠어! 우리 모두 인간들이 사는 곳으로 가서 우리의 억울한 마음을 전하자. 그래도 엉뚱한 소리를 하면 그냥 꽉 깨물어 버리는 거야."

"맞아, 맞아!"

"그러자!"

바닷가에 모인 곤충들과 칠면조와 전갈은 사람들이 있는 곳으로 몰려갔습니다.

누구는 기어가고 누구는 뛰어가고 누구는 종종

걸음으로 가고 누구는 날아
가기도 하고…….
　그리고 이렇게 노래했습니다.

우린 죽음이 뭔지 몰라
그러니 '죽은 흉내'는 낼 수 없지
우릴 아무리 내동댕이치고
이리저리 옮겨 놓고 귀찮게 해도
우린 정직한 곤충들
누굴 속이는 짓은 하지 않지

우리가 날지 못해
'죽은 흉내'를 내는 거라고?
우리가 빨리 뛰지 못해
'죽은 흉내'를 내는 것이라고?
하지만 우린 죽음이 뭔지 몰라
그러니 '죽은 흉내'는 낼 수 없지

더더구나 자살은
생각도 할 수 없어
그런 바보 같은 짓은
비겁한 인간만이 하는 짓이라네

죽은 척하는 이유는 뭘까요?

 여러분, 파브르 할아버지와 루시와 함께 만난 딱부리먼지벌레 장군이를 기억하나요? 여러 곤충들과 타조 그리고 전갈들도 모두 기절한 적이 있다고 했어요. 이야기 속에서 곤충과 동물들은 절대 일부러 '죽은 흉내'를 내지 않는다고 노래했어요. 사람들에게 누명을 썼다고 억울해하면서 말이에요. 그렇다면 도대체 왜 죽은 척을 하는 걸까요? 함께 알아보아요.

 딱부리먼지벌레를 비롯하여 몇몇 곤충들은 위험에 처했을 때에 죽은 것처럼 꼼짝하지 않는 비밀을 가지고 있습니다. 새들은 죽은 먹이는 먹지 않기 때문에, 죽은 흉내를 내서 위험을 벗어나기 위함입니다.

하지만 곤충들이 천적을 속이기 위해 일부러 죽은 척을 하는 것은 아니랍니다. 그것은 살아남기 위한 습성으로, 자기도 모르게 우러나오는 본능이라고 할 수 있지요. 그러니까 장군이와 친구들의 억울한 마음은 알아주는 게 좋겠지요?

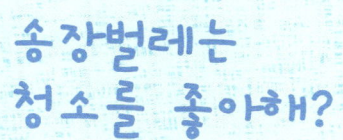

송장벌레는
청소를 좋아해?

파브르 선생님이 살던 시대에는 논이나 밭 옆에서 농부 아저씨의 곡괭이에 맞아 죽은 두더지를 자주 볼 수 있었습니다.

그때에는 모두들 두더지가 농사를 망치게 한다고 생각했었거든요.

아무튼 그때마다 신나게 모여드는 곤충들이 있습니다.

부지런한 청소부 곤충들이지요.

파브르 선생님은 이 곤충들에게 관심을 갖게 되었습니다.

그 작고 별난 입맛을 가진 곤충들이 커다란 동물의 사체를 어떻게 처리하는지 아주 궁금했기 때문입니다.

그래서 이웃에 사는 농부 아저씨에게 두더지 사체를 구해 달라고 하기도 하고 들쥐 사체를 구해 달라고 하기도 했습니다.

 농부 아저씨는 어리둥절해서 정말 이상한 사람이라고 생각하면서도 죽은 동물들을 구해 주었습니다.

 죽은 두더지나 들쥐는 사실 아주 골치 아픈 것들이기 때문이었습니다.

 그러나 그것은 선생님의 가족들에게는 질색할 일이었습니다.

 죽은 동물들의 냄새가 이만저만 지독한 게 아니었거든요.

 물론 파브르 선생님도 그 냄새가 좋았던 건 아닙니다.

 그래도 알고 싶은 것을 참을 수는 없었지요.

 그렇게 이런저런 연구를 한 끝에 파브르 선생님은 가장 깔끔한 실력을 자랑하는 송장벌레를 청소부 곤충들의 대표로 뽑았답니다.

  송장벌레 여행을 떠난 파브르와 손녀 루시를 따라가 볼까요? 이제 여러분 앞에는 으스스한 청소부 송장벌레 세상이 펼쳐집니다.

바람결에 전해 오는 향긋한 냄새에 송장벌레 쓱싹이는 벌떡 몸을 일으켰습니다.

"킁킁, 이 기막힌 냄새는 어디서 나는 거지? 음, 저 건너 농부 아저씨네 곳간 근처로군."

취한 듯 냄새를 따라가던 쓱싹이는 드디어 냄새의 주인공을 찾아냈습니다.

그건 바로 투실투실한 들쥐 사체였습니다.

들쥐 주위에는 벌써 쓱싹이보다 먼저 온 곤충들이 많았습니다.

부지런한 개미가 1등, 구더기의 어미인 파리가 2등, 종종걸음인 풍뎅이붙이와 희미한 점박이 무늬 옷을 입은 수시렁이는 똑같이 3등으로 도착했습니다.

이 근처 청소부란 청소부는 다 모인 것 같습니다.

쓱싹이는 은은한 사향노루 향을 풍기며 말했습니다.

"그놈 또 눈치 없이 농부 아저씨네 곳간이라도 뒤진 모양이로군."

근엄한 검정 상복을 입고 점잖게 말하는 쓱싹이에게, 누구도 늦게 왔으니 빠지라는 말을 할 수는 없습니다.

쓱싹이 뒤로도 송장벌레들이 세 마리 더 들이닥쳤습니다.

암컷 한 마리에 수컷이 두 마리였습니다.
쓱싹이는 첫눈에 암컷 송장벌레
깔끔이가 마음에 쏙 들었습니다.

나 좀 봐, 나를 봐
나처럼 듬직한 송장벌레 본 적 있니?

내 더듬이 좀 봐
노오란 단추 같지?

내 억센 발톱과 등도 좀 봐 줘
파고 뜯고 어떤 사체라도 문제없겠지?

이리 와 봐
너……, 내게 시집오지 않을래?

혼자 히죽이 웃다가 둘러보니 주위엔 아무도 없었습니다.

깔끔이도, 다른 두 친구도 이미 들쥐 밑으로 들어가 모습이 보이지 않았습니다.

커다란 들쥐를 옮길 수는 없으니까 들쥐 바로 밑 땅을 파서 창고를 만들려는 것입니다.

"이크! 내가 지금 뭘 하고 있지?"

쓱싹이는 혼자 부끄러워져 서둘러 들쥐 밑으로 기어들어 갔습니다.

서로 모르는 사이지만 쓱싹이와 다른 세 송장벌레들은 척척 발을 맞춰 일을 했습니다.

그중에서도 쓱싹이가 제일 열심이었습니다.

자기와 깔끔이가 결혼을 하면 이 들쥐가 자기 아이들에게 소중한 식량이 되어 줄 것이기 때문입니다.

그때 깔끔이가 중얼거렸습니다.

"제발 땅이 부드러워야 할 텐데……. 나뭇가지에 걸려 있거나 바윗돌투성이 땅이면 정말 골치 아파."

쓱싹이가 으쓱거리며 한마디 하려는데, 어느새 옆에 있던 넓적이가 날름 말을 가로챘습니다.

"걱정 말아요. 내겐 이렇게 억센 발톱과 튼튼한 등이 있답니다. 그러니 어떤 일이 닥쳐도 이 들쥐는 우리 거예요."

쓱싹이는 기가 막혔습니다.

그런데 깔끔이까지도 넓적이의 말에 맞장구를 치는 것이었습니다.

"그렇군요. 정말 당신은 등이 아주 넓적하고 단단하네요."

쓱싹이가 핀잔을 주었습니다.

"우리 송장벌레들 중에 그 정도도 안 되는 등 가진 놈이 어디 있을라고?"

쓱싹이와 넙적이는 아옹다옹했지만 그렇다고 일을 안 한 것은 아니었습니다.

일거리를 앞에 두고 빈둥거리다가는 들쥐가 삐삐 말라비틀어져 쓸모없게 될지도 모르기 때문입니다.

들쥐 밑에서 넷은 열심히 일했습니다.

우선 등에 들쥐를 지듯이 하고 부지런히 땅을 팠습니다.

그 큰 들쥐가 다시 살아나 꿈틀거리는 것처럼 보일 정도였습니다.

어느새 들쥐 주위에는 안으로부터 밀려 나온 흙더미가 쌓이기 시작했습니다.

어느 정도 땅이 파이자 이번에는 드러누워서 발끝으로 들쥐의 털을 잡고 끌어당겼습니다.

그러면 파인 땅에 들쥐의 무게가 더해져서 조금 더 들어가게 되는 것이었습니다.

 꼭 물속에 잠겨 드는 것처럼 들쥐는 아주 천천히 땅속으로 잠겨 들었습니다.
 그런데 언제부터인지 열심히 당기고 파고 해도 들쥐는 더 이상 땅속으로 들어가지 않았습니다.
 "무슨 문제가 생긴 모양이야. 내가 가서 살펴보고 올게."

쓱싹이가 먼저 밖으로 나왔습니다.
넓적이도 질세라 따라 나왔습니다.
쓱싹이와 넓적이는 들쥐의 털을 뒤져 보고 근처의 땅을 조사해 보기도 했지만 이상한 것은 발견할 수 없었습니다.

쓱싹이와 넓적이는 또 경주를 하듯 뿌르르 들쥐 밑으로 들어갔습니다.

그리고 서로 더 큰 소리로 외쳤습니다.

"계속해! 별거 없어."

"별거 없어. 계속해!"

모두들 다시 엎드려 파고, 누워 잡아당기고 열심히 일했습니다.

그러나 아무리 해도 들쥐는 제자리입니다.

"정말 이상하네? 이렇게 일했는데도 들쥐를 반도 파묻지 못했어."

이번에는 계속 말이 없던 친구가 나섰습니다.

그 친구의 이름은 말끔이였습니다.

이리저리 구석구석 돌아다니던 말끔이는 돌아와서 이렇게 말했습니다.

"뭔가가 땅속에서 들쥐를 더 이상 밑으로 내려가지 않게 받치고 있는 것 같아. 걸리는 게 있거든. 잔디 뿌리일 거야. 아마 우리가 파지 않은 쪽에 있나 봐. 우선 그것부터 없애야겠어."

말끔이의 말이 맞았습니다.

쓱싹이와 넓적이는 못 봤지만 땅 밑으로 얼기설기 잔디 뿌리가 있었던 것입니다.

그 뿌리들을 끊고 나자 일은 아주 손쉽게 진행되었습니다.

들쥐는 밑으로 밑으로 내려갔습니다.

그러자 쓱싹이와 다른 친구들이 밖으로 밀어낸 흙더미들이 이불처럼 들쥐 위를 덮었습니다.

이제 들쥐가 있던 자리는 약간 볼록하게 흙이 솟아 있을 뿐입니다. 그러나 들쥐 사체 창고가 마련되자 쓱싹이와 넓적이는 두말 않고 창고를 떠났습니다. 이미 말끔이와 깔끔이가 부부로 정해

졌으니 그곳은 그들의 집인 것입니다.

 창고가 지어질 때까지 쓱싹이는 여섯 시간이 넘도록 일했습니다.

 하지만 그동안 들쥐에서 흘러내리는 국물을 조금, 아주 조금만 먹었을 뿐입니다.

 쓱싹이는 여러 가지 이유로 기운이 하나도 없었습니다.

부지런하고 완벽한 청소부란?

 쓱싹이는 그 후로도 몇 번이나 열심히 일하고도 조용히 물러나야 했습니다.

 바보같이 왜 그러냐고 할지 모르지만 죽은 동물의 몸이 썩어 갈 때 나는 그 좋은 냄새만 맡으면 쓱싹이는 자기도 모르게 따라가곤 했습니다.

 죽은 동물이 썩으면 프토마인이라는 독소가 나옵니다. 그것은 인간이나 다른 동물들에게는 위

험한 것이지만 청소부 곤충들에게는 영양분이 됩니다. 쓱싹이는 오늘도 그 독특한 냄새를 따라갔습니다.

가는 길에 예쁜 암컷 송장벌레도 만났습니다. 이름이 싹싹이라고 하는 암컷 송장벌레가 말했습니다.

"냄새를 맡아 보니 죽은 지 하루는 지난 것 같아요. 그렇죠?"

"예. 빨리 일을 시작해야겠어요. 안 그러면 아까운 식량이 쓸모없이 말라 버리겠어요."

둘은 냄새를 따라 부지런히 갔습니다.

"여기다!"

"굉장히 크네!"

밭을 이리저리 흩어 놓고 다니던 말썽꾸러기 두더지가 길가 덤불에 쓰러져 있었습니다.

아마 밭 주인이 화가 나서 휘두른 곡괭이에 맞아 죽은 모양입니다.

두더지 주위에는 곤충들이 많이 달라붙어 있었습니다.

언제나처럼 개미들과 파리들과 큰수염반날개 등이 득시글했습니다.

두더지 밑으로 파고 들어가 보니 쓱싹이와 싹싹이 말고도 송장벌레가 네 마리나 더 있었습니다.

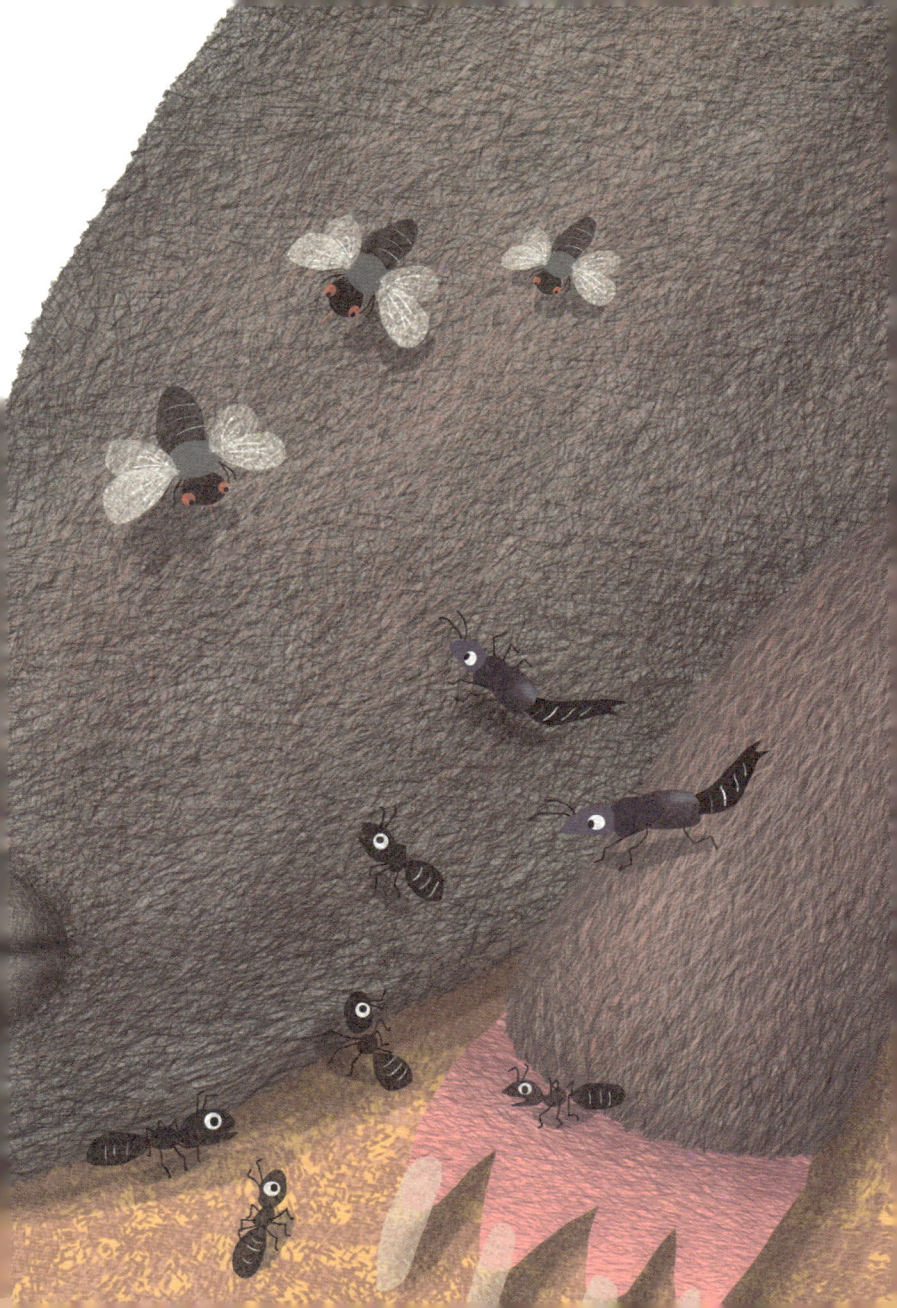

장례식을 치르자
근엄하고 경건하게

장례식을 치르자
깨끗하고 빠르게

장례식을 치르자
우리 아이들을 위해

쓱싹이는 묵묵히 일만 했습니다.

두더지를 등에 이고 들썩거리며 땅을 파다 두더지 털을 잡아당겨 땅속으로 끌다가 하며 몇 시간이나 일했습니다.

두더지가 워낙 커서 일 잘하는 여섯 마리의 송장벌레가 달려들어도 일이 더디기만 합니다.

그런데 어느 순간부터는 두더지가 더 이상 땅속으로 끌려오지 않았습니다.

쓱싹이는 이번에도 일이 쉽지 않을 것이라는 생각이 들었습니다.

그때 누군가가 밖으로 나갔습니다.
"내가 알아보고 올게."
그러나 한참을 기다려도 그 친구는 돌아오지 않았습니다.

두 번째 친구도 나가서 돌아오지 않았습니다.

세 번째로 쓱싹이가 나갔습니다. 쓱싹이는 이리 저리 살펴보다 끝까지 기어올라 가다 보니 두더지의 다리에까지 가게 되었습니다.

두더지의 다리는 덤불 속에 가려져 있었는데 그 다리가 나뭇가지에 걸려 있는 것이었습니다. 쓱

 싹이는 망설일 것도 없이 나뭇가지와 두더지의 다리 사이에 몸을 넣었습니다. 그러고는 있는 힘을 다해 두더지의 다리를 흔들었습니다.
 그러나 두더지의 다리는 조금 움직거렸을 뿐이었습니다. 그런 식으로는 절대 나뭇가지에서 빠져나올 것 같지 않았습니다.

먼저 밖에 나온 두 친구를 부르면 될 텐데, 쓱싹이는 그러지 않았습니다.

대신 이번에는 나뭇가지를 물어뜯기 시작했습니다.

쓱싹이는 튼튼한 큰턱으로 싹둑싹둑 가위 소리를 내며 나뭇가지들을 잘라 냈습니다.

드디어 두더지의 다리가 많이 헐거워졌습니다.

이제 한 번만 더 물어뜯으면 될 것 같습니다.

쓱싹이는 마지막 힘을 다해 나뭇가지를 앙! 물어뜯었습니다.

그때 먼저 조사 나왔던 친구 둘이 어슬렁어슬렁 다가왔습니다.

두더지 다리가 나뭇가지에서 벗어나며 두더지가 털썩 먼지를 일으키고 땅에 떨어지는 바람에 친구들도 쓱싹이도 함께 땅으로 떨어졌습니다.

그러나 그까짓 것쯤 아무것도 아닙니다.
셋은 다시 두더지 밑으로 들어갔습니다.
쓱싹이를 보고 싹싹이가 웃었습니다.
"정말 수고 많았어요. 이제 우리 모두 힘을 합하면 문제없겠어요."
쓱싹이도 싹싹이를 보고 웃었습니다.

"이까짓 것쯤이야. 지난번에는 밧줄에 대롱대롱 매달린 들쥐도 파묻었고 또 온몸을 이리저리 묶어 놓은 두더지를 파묻은 적도 있었지요. 제일 어려웠던 건 철사에 다리가 묶인 들쥐였어요. 아예 철사에서 다리가 빠져나올 때까지 들쥐의 다리를 갉아야 했으니까요."

쓱싹이와 싹싹이는 아주 친해졌습니다.

일은 여전히 많이 남아 있었지만 싹싹이 말대로 이제부터는 원래 하던 대로 열심히 파고 잡아당기고만 계속하면 됩니다.

쓱싹이와 나머지 다섯 마리 송장벌레들은 조금도 쉬지 않고 일을 했습니다.

부지런하고 완벽한 청소부들이란 어떤 일이 닥쳐도 일을 제대로 끝내야 하니까요.

드디어 그 커다란 두더지도 땅속에 완전히 묻혔습니다.
"이제 여기는 우리 둘의 창고야."
쓱싹이가 기운차게 말했습니다.
싹싹이도 고개를 끄덕였습니다.
그러자 다른 송장벌레들은 밖으로 나가 뿔뿔이 흩어졌습니다.
쓱싹이와 싹싹이는 부부가 되었습니다.
둘은 두더지를 아주 조금씩만 먹고 다시 일을 시작했습니다.
이번에는 아기들을 위해 창고를 만드는 것입니다.
아주 정성스러운 작업이지요.
싹싹이는 열심히 일하는 쓱싹이가 믿음직스러웠습니다.

"다른 곤충들은 아버지가 자식을 위해 하는 일이 없다면서요?"

"나도 그런 얘기를 들은 적이 있어요. 하지만 그래서야 되나요? 우리 둘의 자식인데 말이에요."

"정말 당신은 좋은 아빠예요."

싹싹이의 칭찬에 흐뭇해진 쓱싹이는 더 열심히 일했습니다.

창고도 깔끔하게 다듬고 요리도 했습니다.

두더지 요리는 아기들이 먹기 알맞도록 손봐서 저장해 두었습니다.

아기들이 다 자랄 때까지 두고두고 먹어야 하니까요. 싹싹이가 기뻐 소리쳤습니다.

"이렇게 커다란 양식이 곁에 있으니 우리 아이들은 이제 걱정할 것 없어요!"

쓱싹이도 뿌듯했습니다.

"물론이지요."

모든 일이 끝나자 쓱싹이와 싹싹이는 앞으로의 일을 의논했습니다.

쓱싹이가 말했습니다.

"이제 우리 할 일은 다한 거요. 그러니 난 이곳을 떠날 생각이에요."

싹싹이가 아쉬운 듯 말했습니다.

"난 여기 남겠어요. 이제 돌아다니며 일을 하는 것은 그만두고 싶어요."

"그럼 그렇게 하도록 해요. 잘 있어요."

쓱싹이가 창고를 나가며 인사를 했습니다.

싹싹이도 인사를 했습니다.

"잘 가요."

왜 싸우는 걸까?

2주일이 지나자 제법 크게 자란 쓱싹이와 싹싹이의 아기들인 열다섯 마리의 애벌레들이 왕성하게 두더지 요리를 먹고 있었습니다.

아직 앞을 볼 수도 없고 몸은 여전히 흰 빛깔이었지만 송장벌레 집안의 후손답게 검고 억세게 생긴 큰턱은 단단한 가위 같았습니다. 애벌레들은 짤막한 발을 뒤뚱뒤뚱 움직여 여기저기 바쁘게 돌아다니기도 했습니다.

그 곁에는 많이 지친 엄마 송장벌레 싹싹이가 있었습니다. 싹싹이는 쓱싹이와 헤어지고 난 후 반짝이던 몸이 아주 볼품없게 변해 있었습니다.
거기다 더부살이 진드기들이 달라붙어 싹싹이를 힘들게 했습니다.

"그래도 우리 아이들은 저렇게 튼튼하니 됐지 뭐. 아, 애들 아빠인 쓱싹이는 어디서 무얼 할까?"

쓱싹이도 싹싹이보다 나을 것이 없는 생활을 하고 있었습니다.

싹싹이와 헤어지고 난 후, 쓱싹이는 이리저리 떠돌아다녔습니다.

그러나 점점 일이 하기 싫어졌습니다.

"나는 내 할 일을 다했어. 결혼도 했고 아이들도 낳았지. 그러니 이제 좀 편히 지낼 때도 된 거야. 암, 그렇고말고."

그러나 그때부터 몸은 지치고 마음도 사나워졌습니다. 자기도 모르는 사이, 쓱싹이는 자기 같은 송장벌레만 만나면 싸움을 걸고 싶어 몸이 근질근질했습니다.

그렇게 한두 번 싸움을 벌이는 사이, 쓱싹이의

몸은 상처투성이가 되었습니다.
 더부살이 진드기들도 어떻게 알았는지 기운이 떨어진 쓱싹이에게 바글바글 달라붙었습니다.
 쓱싹이는 하루하루가 힘들었습니다.

그러던 어느 날이었습니다.

땅속에서 쉬다 밖으로 나오는데 낯선 송장벌레 한 마리가 쓱싹이에게 덤벼들었습니다. 쓱싹이도 맞붙어 싸웠습니다. 물어뜯고 밀고 잡아당기고, 둘은 죽을힘을 다해 싸웠습니다.

6월의 해님도 따스한 빛을 내려 주다 이내 고개

를 돌려 버렸습니다.

"어리석은 송장벌레들 같으니라고. 언제는 서로 힘을 모아 열심히 일하더니, 이제는 아무 이유도 없이 죽어라 싸우는군. 쯧쯧쯧……."

다리가 모두 뜯겨 나간 쓱싹이는 비틀비틀 마지막 힘을 쏟아 공격을 하려고

했습니다. 그러나 곧 그 자리에 푹 거꾸러지고 말았습니다.

"그래도 내 아이들은 건강하게 자라고 있겠지?
아, 싹싹이는 어떻게 되었을까?"
쓱싹이는 그렇게 죽어 갔습니다. 어느새
쓱싹이 주위로 개미들이 몰려들었습니다. 예전에
쓱싹이가 그랬던 것처럼 개미들은 쓱싹이를 청소
하러 온 것입니다.

그리고 그 뒤로는 풍뎅이붙이와 수시렁이들이 다가왔습니다. 모두 이 근처의 능숙한 청소부들입니다.

이렇게 파브르 할아버지와 손녀 루시의 먼지벌레와 송장벌레 관찰 여행이 끝났습니다. 사랑을 나누고, 새끼를 낳고, 성실히 일하기 위한 방법을 한 번도 배운 적이 없는데도 곤충들은 어떻게 그렇게 잘할 수 있을까요? 루시는 놀라워하며 다음 곤충들의 세상으로 떠날 준비를 합니다.

다음 이야기에서 파브르는
손녀 루시와 매미 여행을 떠납니다.

송장벌레는 죽은 동물만 먹을까?

혹시 산길을 가다가 죽은 새나 쥐를 본 적이 있나요? 아마 잘 마주친 적이 없을 겁니다. 그건 바로 '청소부'라고 불리는 벌레들이 부지런히 움직이기 때문입니다. 동물이 죽고 나면, 이 '청소부'들이 하나둘씩 모여들어서 처리해 줍니다. 이 '청소부' 중에서 으뜸이 바로 송장벌레입니다. 송장이란 죽은 사람의 몸을 뜻하는 말입니다. 참으로 기분 나쁜 이름이지요. 하지만 송장벌레들 덕분에 숲이 깨끗할 수 있는 것이랍니다. 송장벌레는 죽은 동물들을 땅에 묻고, 그곳에 알을 낳습니다. 죽은 동물들이 바로 애벌레들의 먹이가 되는 것이지요. 송장벌레는 딱정벌레목에 속하는 곤충인데, 전세계에 약 250여 종이나 있습니다. 송장벌레 중에는 죽은 동물을 먹지 않고 농작물을 먹는 것도 있답니다.

장 앙리 파브르 Jean Henri Fabre
일생을 바치다

장 앙리 파브르는 평생을 곤충과 함께 살며 실험과 연구를 한 곤충학자입니다. 1823년 12월 남프랑스 레옹에서 가난한 농부의 아들로 태어났으며, 집안이 매우 어려워 네 살 때부터 할아버지 댁에 맡겨져 자랐습니다. 1839년 아비뇽 사범학교에 입학, 졸업 후에는 카루팡트라스 초등학교 교사를 지냈으며, 1849년 코르시카 중학교의 물리 교사가 되었습니다. 이때 식물 채집을 하러 온 툴루즈 대학의 식물학자 탕드레 교수를 알게 되었고, 그 영향으로 생물학을 공부하게 되었습니다.

그 후, 곤충학자인 레옹 뒤푸르의 논문을 읽고 곤충의 생태 연구에 일생을 바치기로 결심했습니다. 1871년 학교를 그만둔 파브르는 어린이를 위한 과학 이야기를 썼으며, 1879년 '곤충기'를 쓰기 시작하여 30년 만인 1909년에 10권을 완성했습니다.

　《파브르 곤충기》는 세계 자연과학계에서 그 전례를 찾아볼 수 없는 위대한 기록물로, 살아 있는 곤충에 대한 관찰과 실험, 연구를 통해 곤충의 세계를 관찰한 대기록입니다. 곤충이 어떻게 집을 짓고, 어떻게 새끼를 치고, 어떻게 살아가는지 등의 생태를 아주 상세하게 그리고 있습니다.

　이 작품은 1915년 파브르가 세상을 떠날 때까지 열정적으로 연구했던 신비로운 곤충의 세계를 통해, 컴퓨터 백과사전이 발달한 현대 사회에서도 여전히 우리에게 새로운 지식과

흥미의 세계를 열어 주고 있습니다.

파브르 곤충기가 귀중한 것은 단순히 그것이 전해주는 정보와 지식 때문만은 아닙니다. 세상을 바라보는 발상의 전환, 창의적인 시선, 독창적인 세계관을 갖게 해 주는 파브르 곤충기는 어린이와 어른 모두가 평생을 곁에 두어야 할 자연과학의 클래식입니다.

여러분은 파브르와 함께 우리 주변의 흔한 곤충을 다시 새롭게 바라보고, 생물 관찰을 통한 깊이 있는 사고를 통해 자연의 의미를 되새기는 인문학적 교양을 넓힐 것입니다. 또한 생명에 대한 철학적이고도 비판적인 질문하기를 통해, 우리가 자연 속의 생명체와 더불어 숨 쉬고 있는 존재임을 깨닫게 되길 바랍니다.